**Tobi**

Schreiblehrgang in Grundschrift

von Wilfried Metze

mit Illustrationen von
Burkhard Kracke und
Silke Voigt

Cornelsen

E E · · · · E

e e · · · e

Ee Ee · · · · Ee

L_o L_o

O_e O_e

A A . . A

a a . . a

Aa Aa . . . Aa

_lo   _lo

El_   El_

Aa_   Aa_

all_   all_

5

Mm

MM . . M

mm . . m

MmMm . . . Mm

__ama

__ama

Al__

Om__

__ama

__ama

Al_

Om_

6

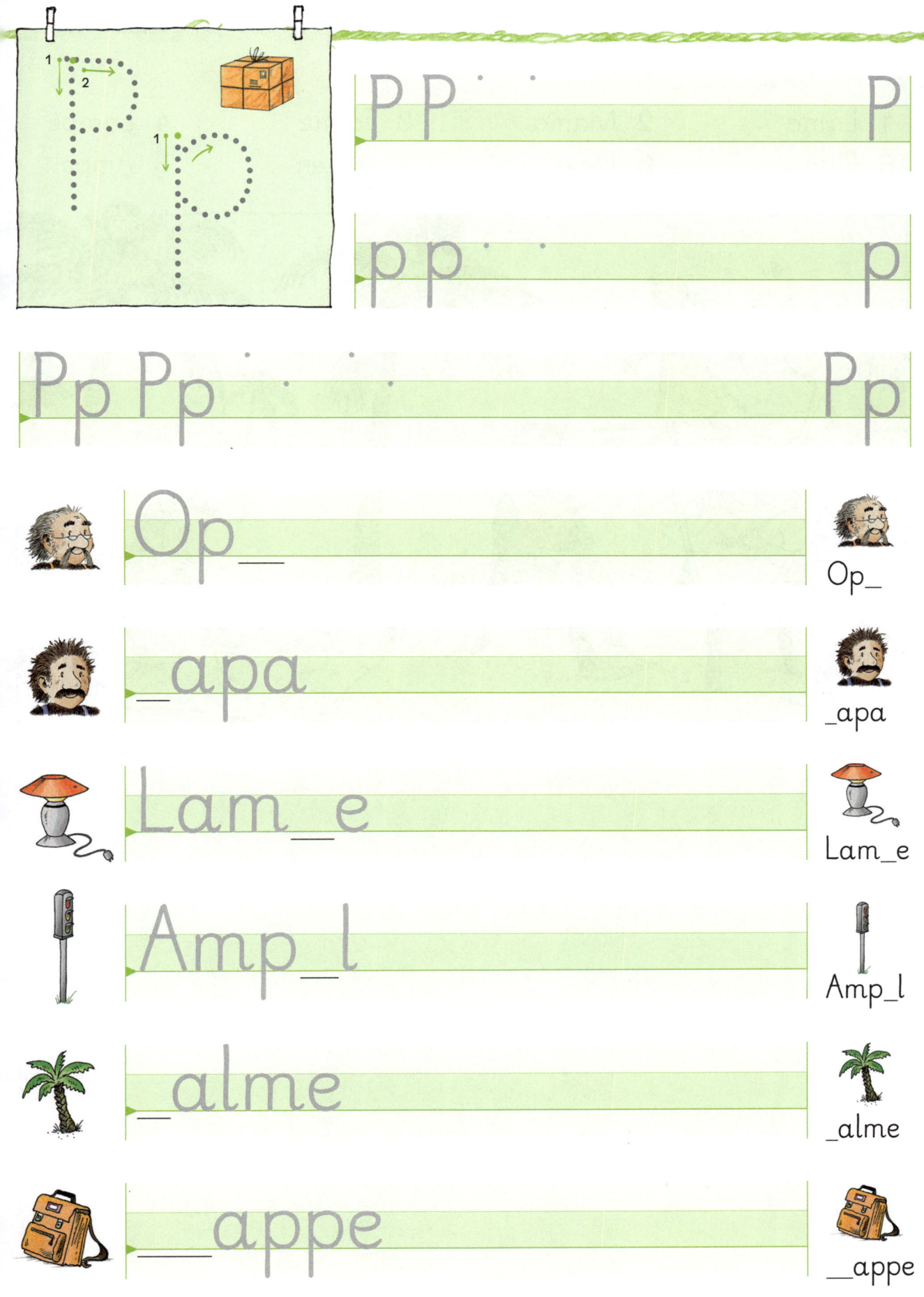

P P · · P

p p · · p

Pp Pp · · Pp

Op___

___apa

Lam_e

Amp_l

___alme

___appe

Op_

_apa

Lam_e

Amp_l

_alme

__appe

1 Lama   2 Mama   3 Palme   4 Lampe

5 Plan   6 Papa   7 malen   8 Ampel

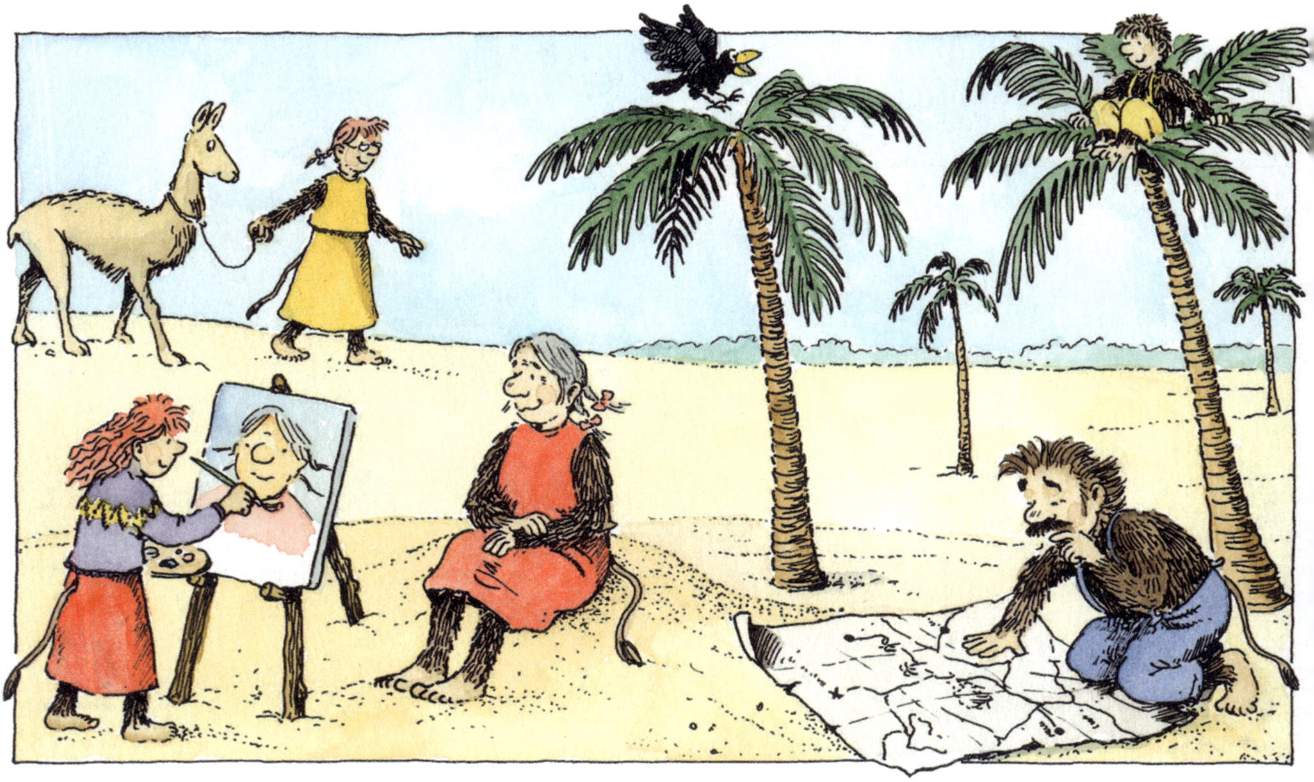

NN . . N

nn . . n

Nn Nn . . Nn

___ann

Melo_e

mal_n

_lan

Alle malen _

Malen alle _

9

Linea_

_ippen

I_a

Pille_

L_mo

l_la

T T · · · · T

t t · · t

Tt Tt · · · · · Tt

To_ate

Man_el

_al

Ta_te

T_nte

E_t_

To_ate

Man_el

_al

Ta_te

T_nte

E_t_

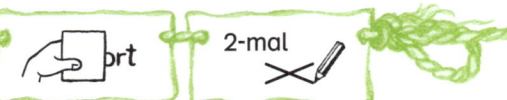

1	Tal	**2**	Tante	**3**	Pille	**4**	Enten
5	Mantel	**6**	Tonne	**7**	Tinte	**8**	Tanne

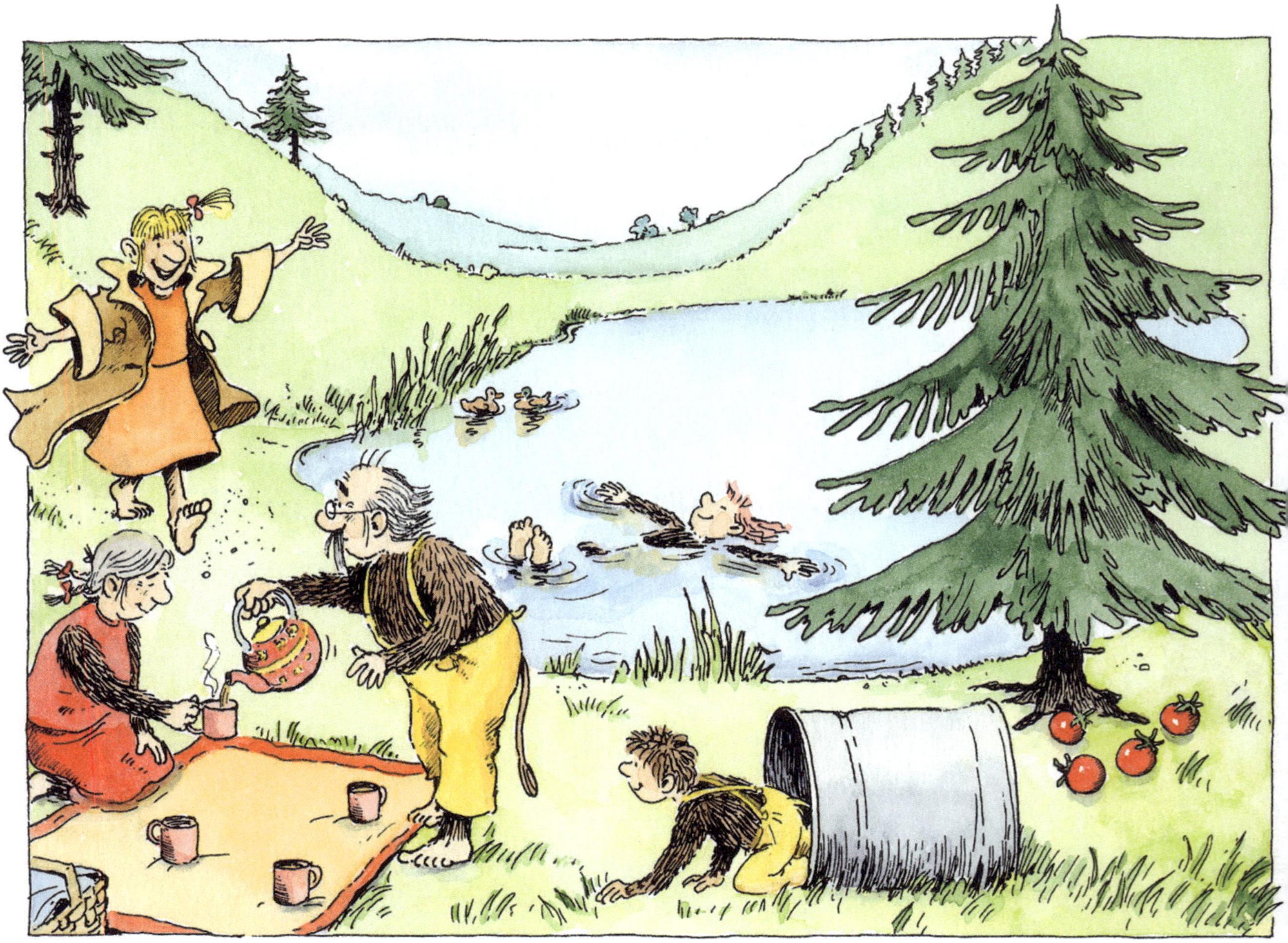

Ss S

S

ss s

Ss Ss Ss

Sesse_

Sesse_

Na_e

Na_e

Alles i_t am _attel.

T_sse

_ee

T_sse

_ee

1	2	3	4	5	6	7	8

P
L
A
N

Male: P7 Sonne   A7 Sattel   L2 Amsel

P4   Palast

L2

N6

In   P5

A1   P1

14

W W · · W

w w · · w

Ww Ww · · Ww

Wimpe_

___olle

Wes_e

W__nne

La_ine

___ __ _

15

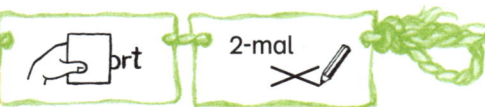

1 Lawine 2 will 3 Wanne 4 Sonne

5 Tanne 6 Watte 7 warnt 8 Tal

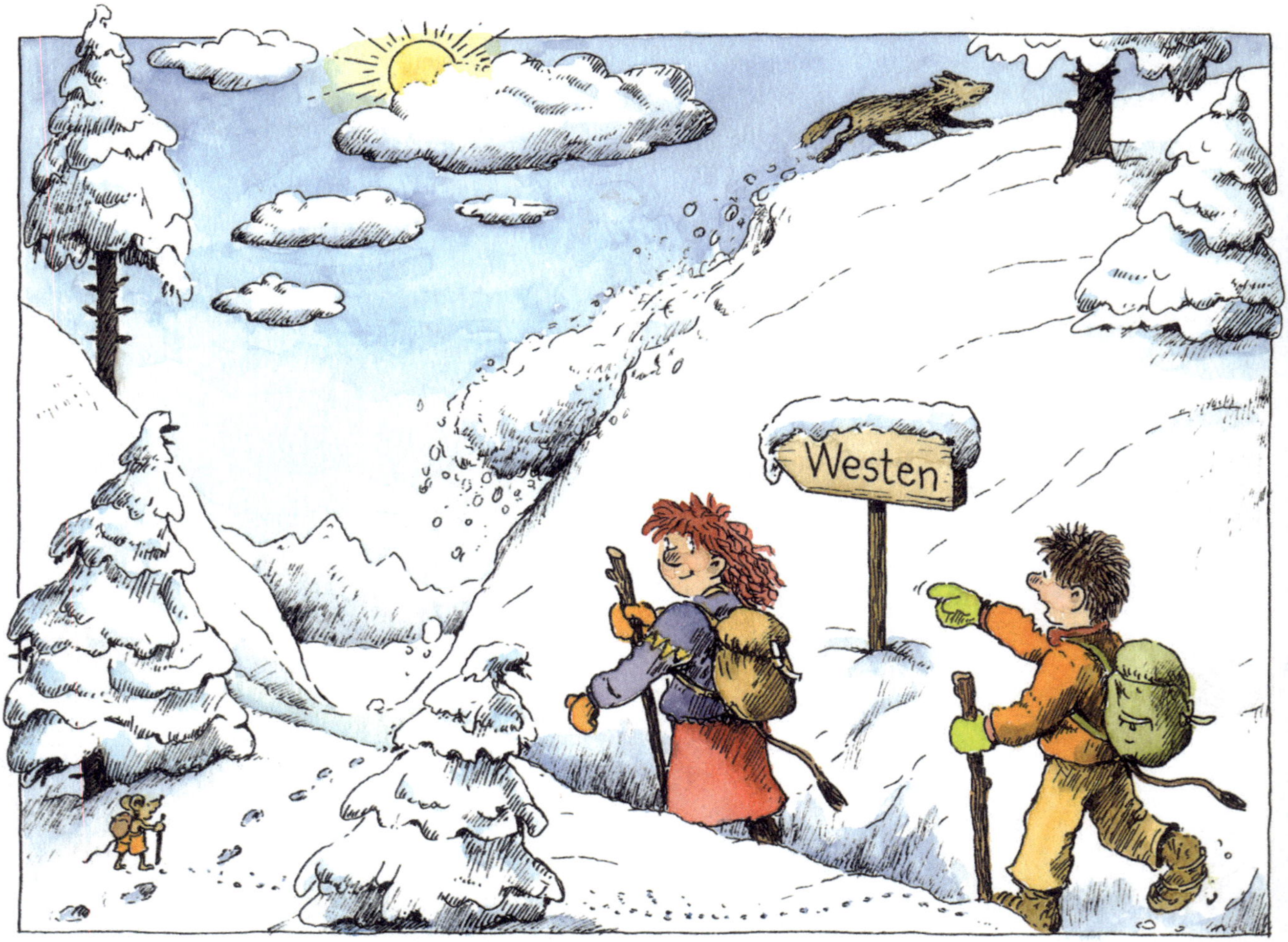

Westen

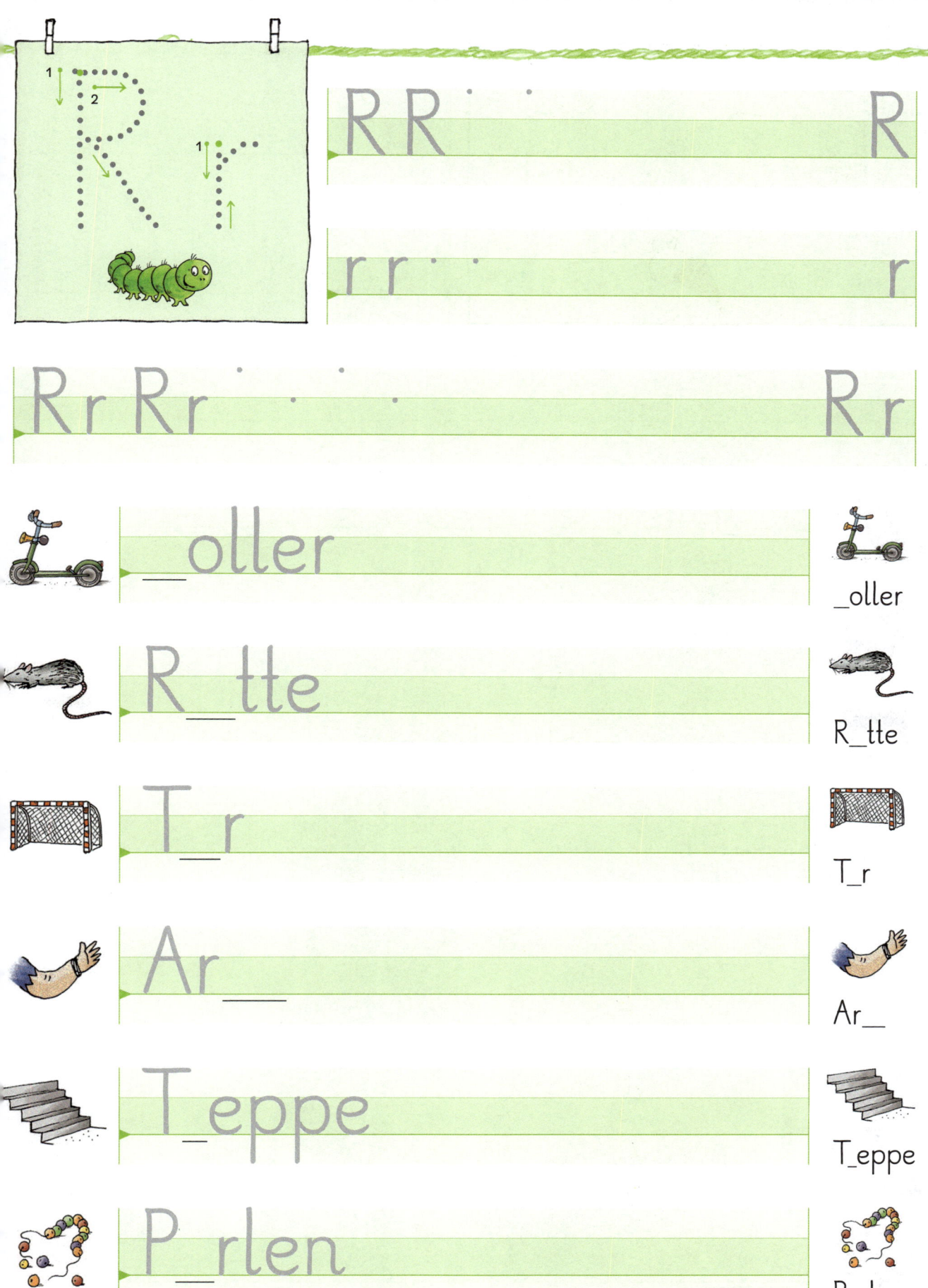

R R · · · · R

r r · · · r

R r R r · · · R r

_oller

R_tte

T_r

Ar__

T_eppe

P_rlen

Ei Ei   Ei

ei ei ·   ei

Ei ei ·   ei

L__ter   L__ter

__mer   __mer

Amei_e   Amei_e

ei_s   ei_s

Ei_r   Ei_r

__s   __s

Er r__tet.   Er r__tet.

___ ___ _   __ _ _

18

1 Seite 16:

Alo	ist ein Tal.
Eine Lawine	will Ela warnen.
Wer	rast ins Tal.
Im Westen	tritt eine Lawine los?

2

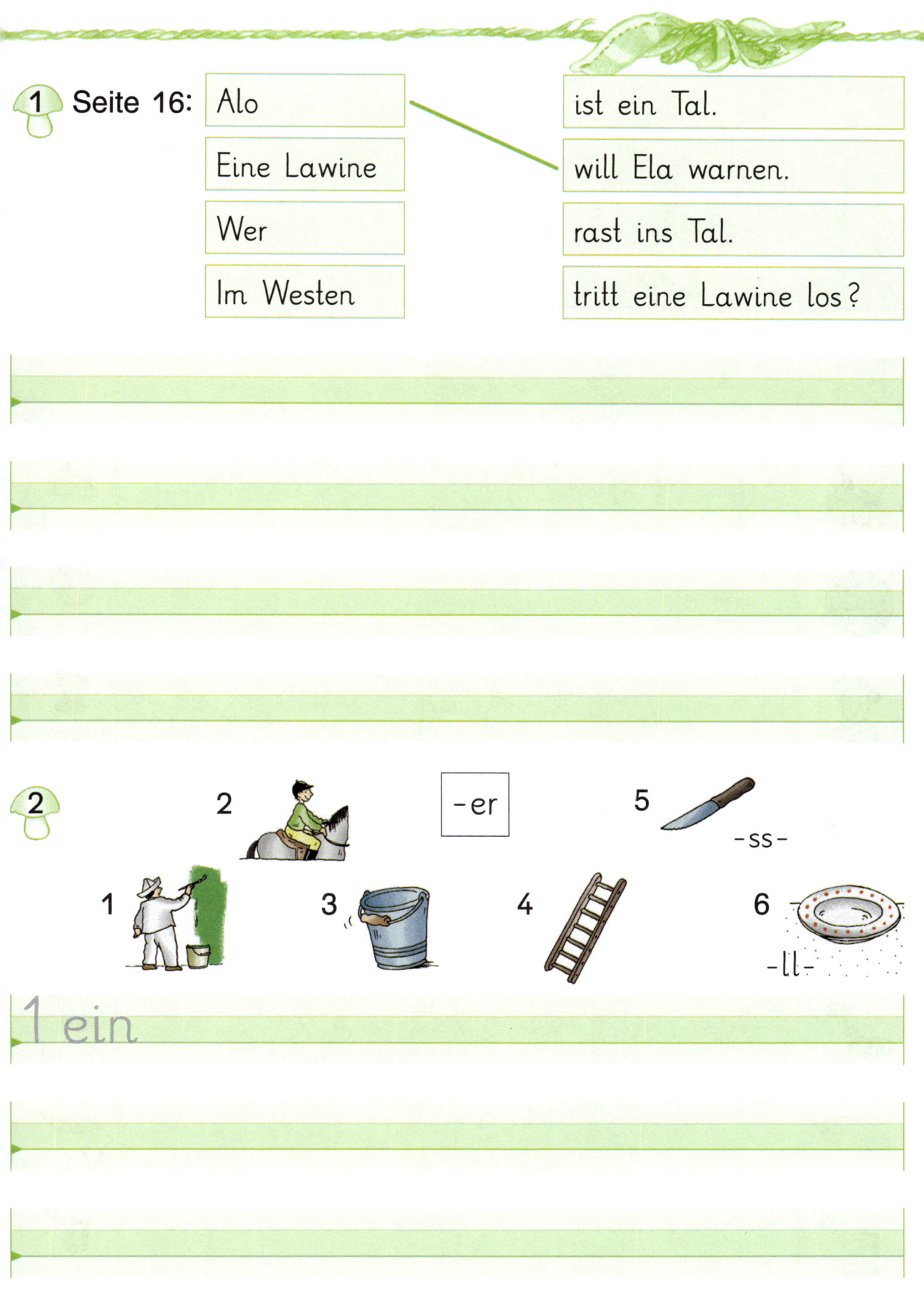

1 2 3 -er 4 5 -ss- 6 -ll-

1 ein

D D · · ·   D

d d · ·   d

Dd Dd · · ·   Dd

Sa_d   Sa_d

Er_e   Er_e

Dam_   Dam_

R_dio   R_dio

__ald   __ald

Pe_al   Pe_al

Man_el   Man_el

_ _ _ _   _ _ _ _

1 Panda   2 Eimer   3 Weide   4 Radio

5 Windel   6 Mond   7 Mandel   8 Adler

9 Dose   10 Rad   11 Paddel   12 Dino

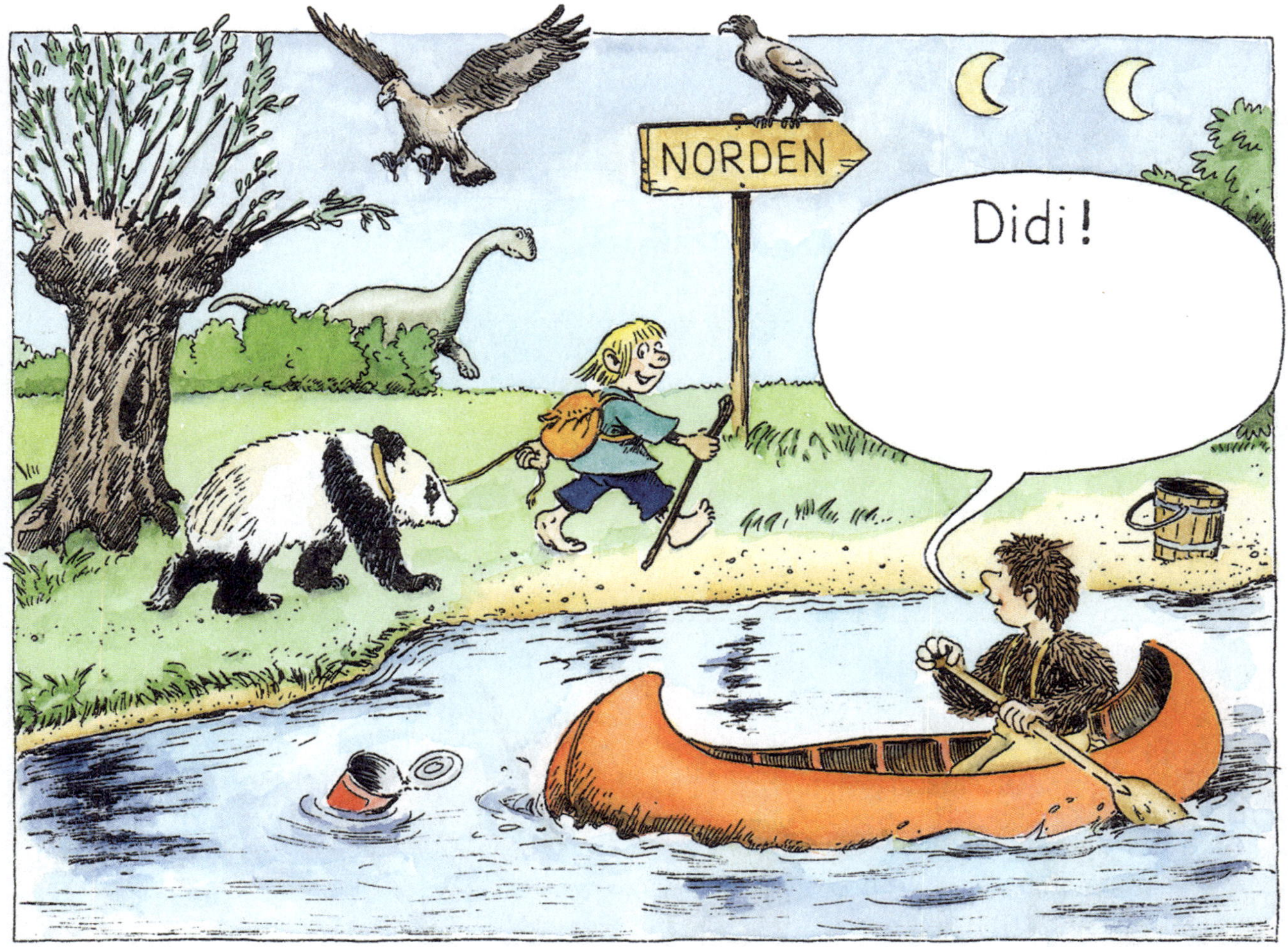

1 Seite 21: Was passt?

Alo ... im See.   Didi ... mit einem Panda.

paddelt   wandert

sind   landet

Ein Adler ... .   Im Norden ... 2 Monde.

2

1

2

3   -el

4

5   -ss-   -dd-

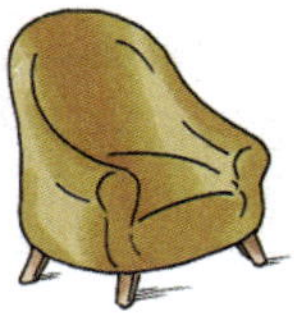

6

7

1 ein

22

Hh Hh   Hh

Ha_s   Ha_s

Ho_e   Ho_e

H_nd   H_nd

Hor_   Hor_

Na_h_rn   Na_h_rn

H_mmel   H_mmel

He_d   He_d

_ _ _ _ _

F F   F

f f   f

F f F f   F f

Fe_er   Fe_er

Dor_   Dor_

_ffe   _ffe

O_en   O_en

1 Elefant   2 Wolf   3 Wimpel   4 elf
5 Telefon   6 Fass   7 Wein   8 Sofa
9 Reifen   10 Affe   11 werfen   12 Fenster

Feiern alle ein Fest _

Wirft Papa _

ie

Wiese

ie ie   ie

ie   ie

P_pier   P_pier

__iese   __iese

_iese   _iese

D__ner   D__ner

Flie_er   Flie_er

_asieren   _asieren

Tie_e   Tie_e

A_o frier_.   A_o frier_.

A_o n__st.   A_o n__st.

26

Da**ch**

Mil**ch**

Ch · Ch

ch · ch

Ch ch · Ch ch

Dra__e    Dra__e

N_cht    N_cht

Wich_el    Wich_el

_lch    _lch

a__t    a__t

Ich l_che.    Ich l_che.

M l__    M l__

___ _ ___ ___

1	Eiche	**2**	Teich	**3**	Nacht	**4**	Eicheln
5	Wichtel	**6**	Dach	**7**	Trichter	**8**	Elch
9	Drache	**10**	Milch	**11**	Loch	**12**	Rechen

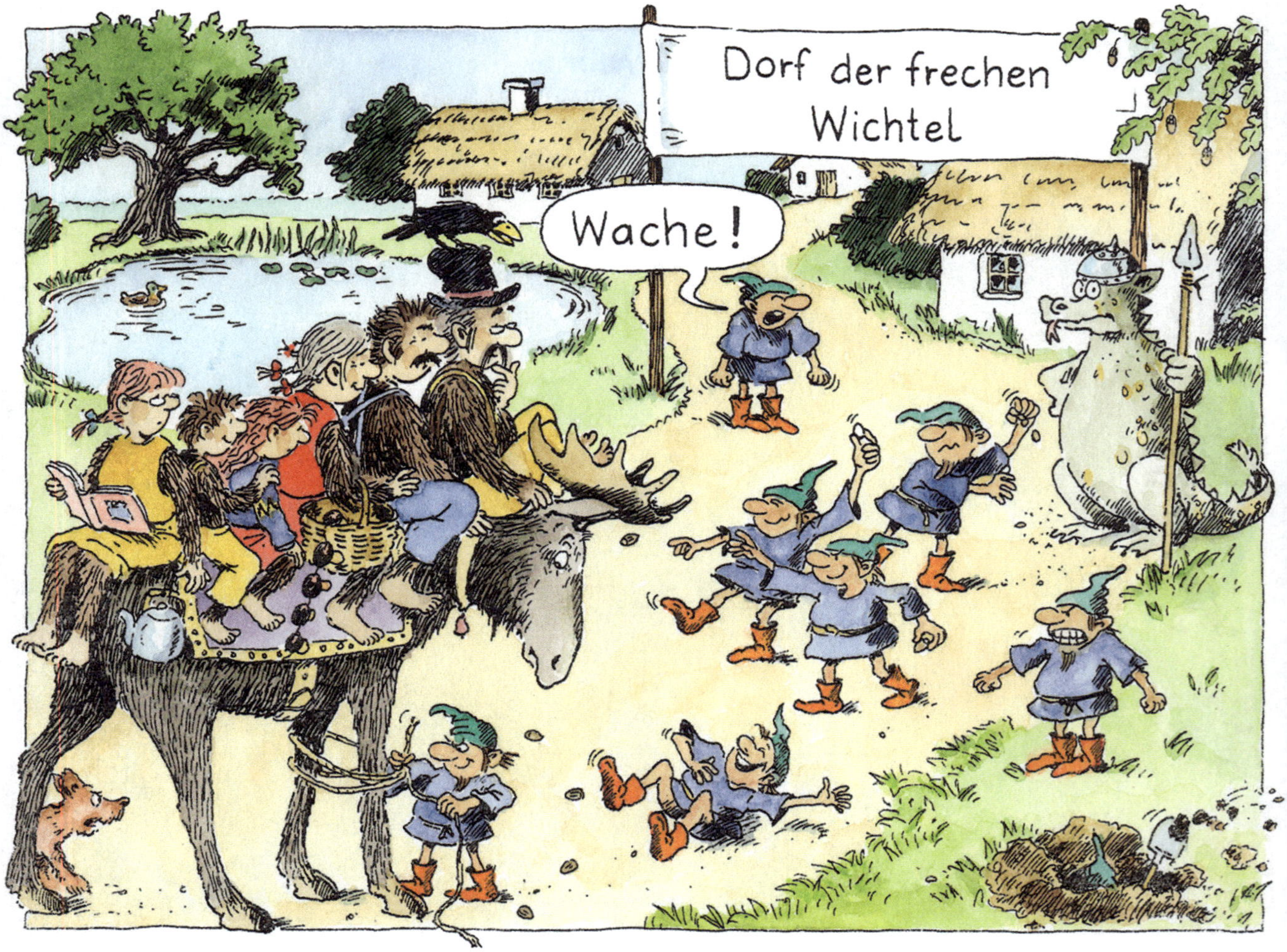

Dorf der frechen Wichtel

Wache!

28

1 Seite 28: Da passt etwas nicht.

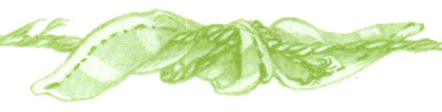

Eine Ente wirft mit Eicheln. Ole wacht am Wichtel-Dorf.

Der Drache wartet hinter dem Elch.

Ein Wichtel paddelt im Teich.

2 Wo sind diese Wichtel?

1 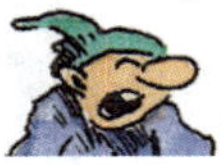 2 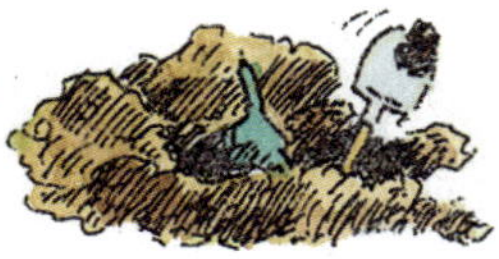 3 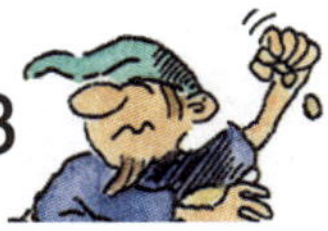 4 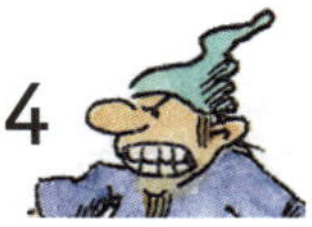 5 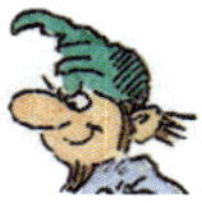

1 hinten 2

am n D a r ch e
am E ch l
im L o ch
n t i n e h
in der e W s ie

B B · · · · B

b b · · b

Bb Bb · · · · · Bb

B_ll   B_ll

_ett   _ett

Bi_er   Bi_er

Robb_   Robb_

_irne   _irne

B_ief   B_ief

_ _ _ _   _ _ _ _

_ _ _ _   _ _ _ _

30

1 Besen	**2** Bach	**3** Birnen	**4** Brot
5 Biber	**6** Brief	**7** Wiese	**8** Nebel
9 bricht	**10** Becher	**11** Biene	**12** baden

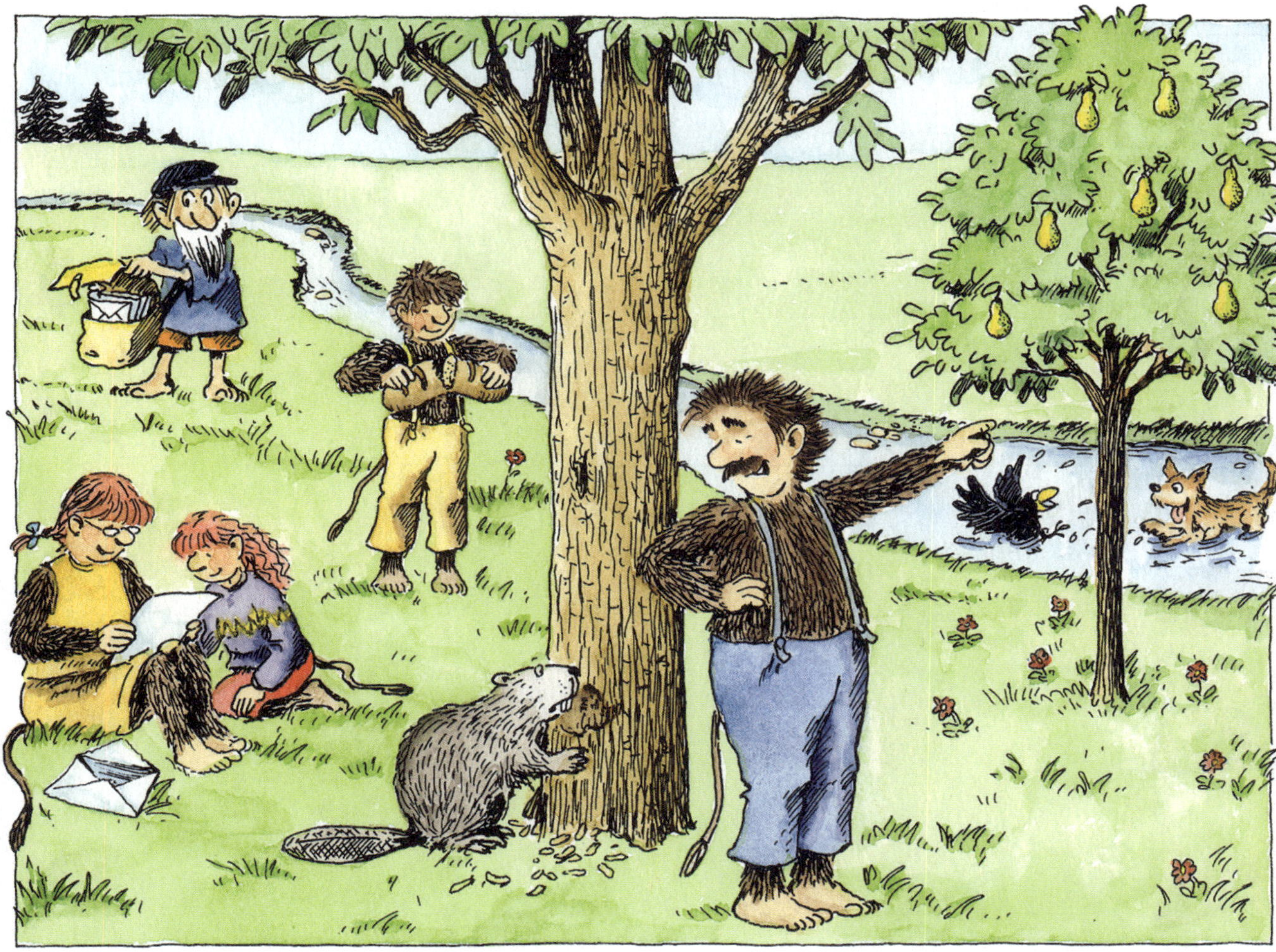

U U U

u u u

Uu Uu Uu

Uh_

_fo

Blus_

T_nnel

Wu_st

_und

Tur_

_ _ _

32

1 Uhu	2 Tuch	3 Hund	4 Hummel
5 Mutter	6 Buch	7 Wiese	8 Nebel
9 Blume	10 Turm	11 Brille	12 Wurst

> Ruhe!

> Du Lump!
> Du hast meine Wurst!

Sind d__ beiden friedlich __

K K · · K

k k · · k

Kk Kk · · · · Kk

K_nd — K_nd

K_eid — K_eid

Fabr_k — Fabr_k

K_rb — K_rb

B_nk — B_nk

_eks — _eks

_o_k_ — __o_k_

— — — — — — — — — —

34

1 Keks	**2** Kuchen	**3** Kette	**4** Kaktus
5 Kanone	**6** Korb	**7** Kiste	**8** Knochen
9 Kellner	**10** Kamel	**11** Krokodil	**12** Krake

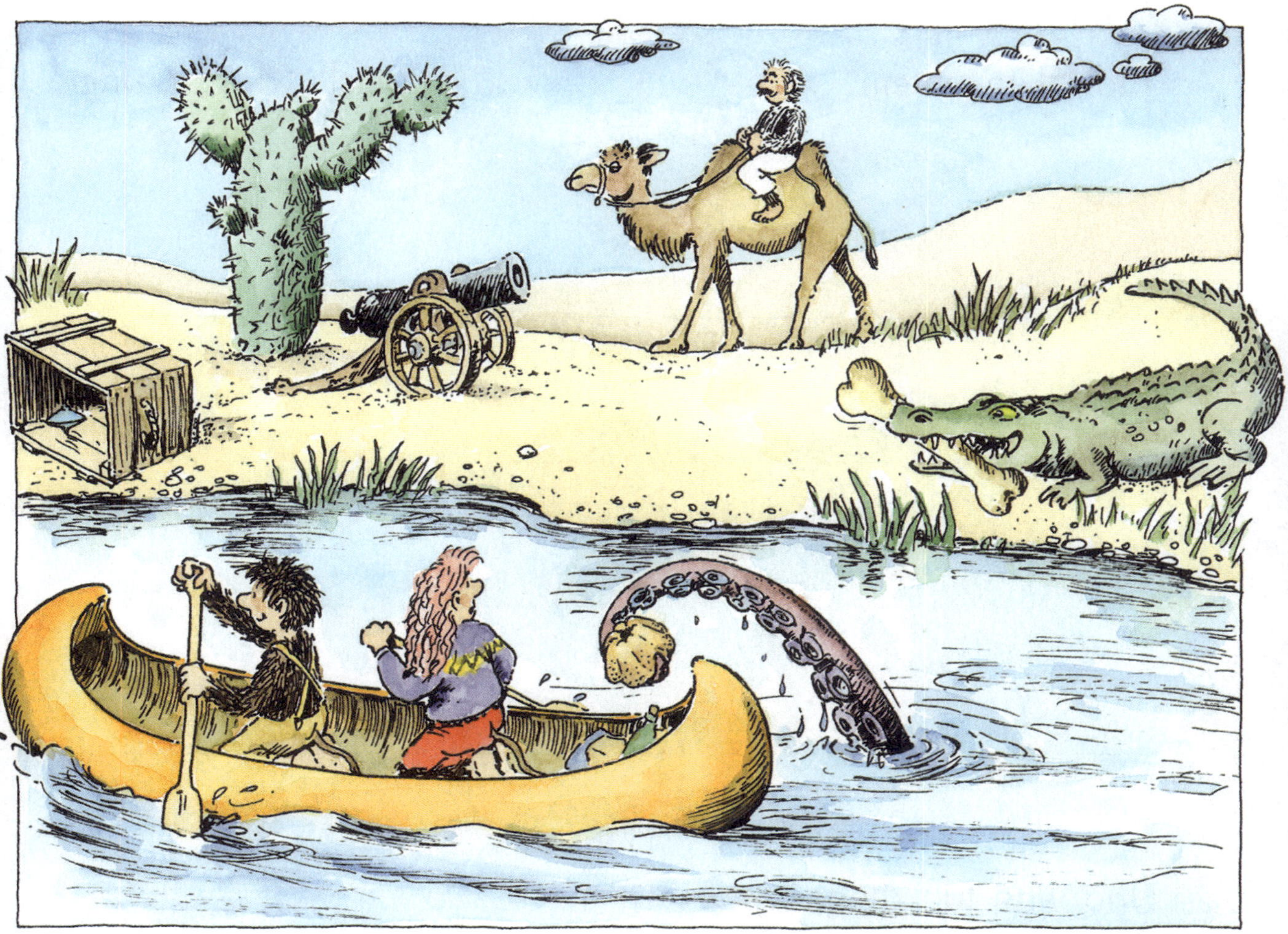

1 Seite 35: Es darf Sinn oder Unsinn werden.

Das Krokodil  einen .

Eine Krake  Elas .

Papa  ein .

Alo  in einem .

reitet	Kanu
nimmt	Knochen
paddelt	Kuchen
frisst	Kamel

2 Und was tun diese?

Kanonen	paddeln
Kisten	rosten
Kinder	kippen

Au au

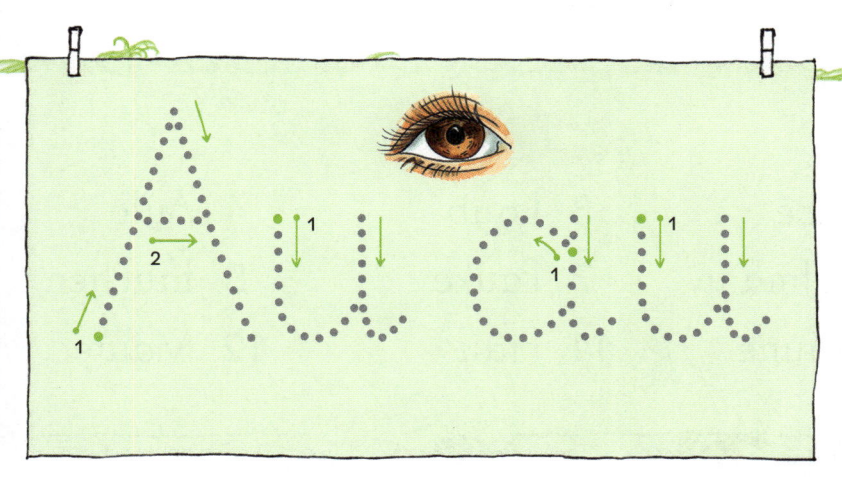

Au au .   Au au

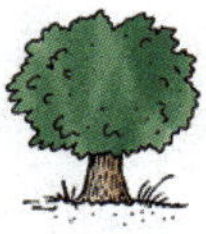 __aum 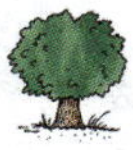 _aum

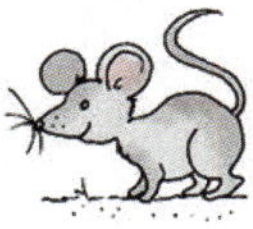 Mau_ 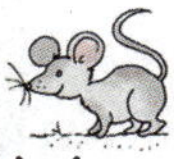 Mau_

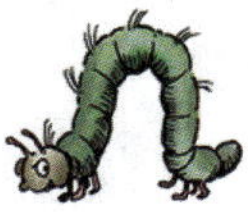 R___pe 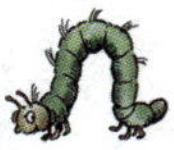 R__pe

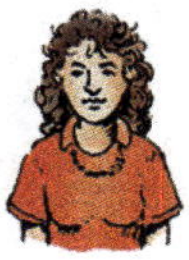 F_au 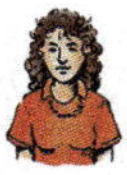 F_au

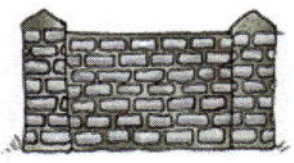 M___er 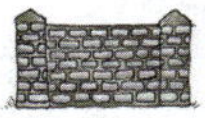 M__er

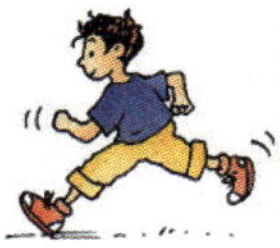 Ich lau_e 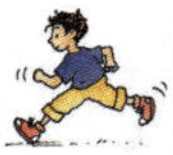 Ich lau_e.

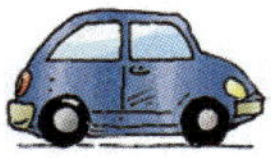 ___ _ _ 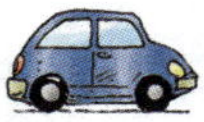 __ _ _

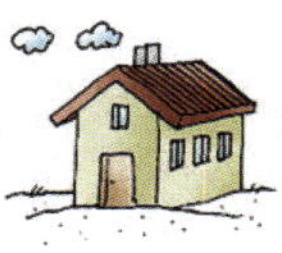 __ ___ _ 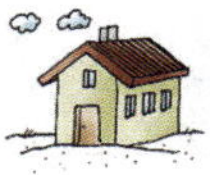 _ __ _

1 Rauch   2 Taube   3 Laub   4 Auto

5 Maulwurf   6 Kaufmann   7 Pauke   8 tauchen

9 Haufen   10 Posaune   11 Frau   12 Maurer

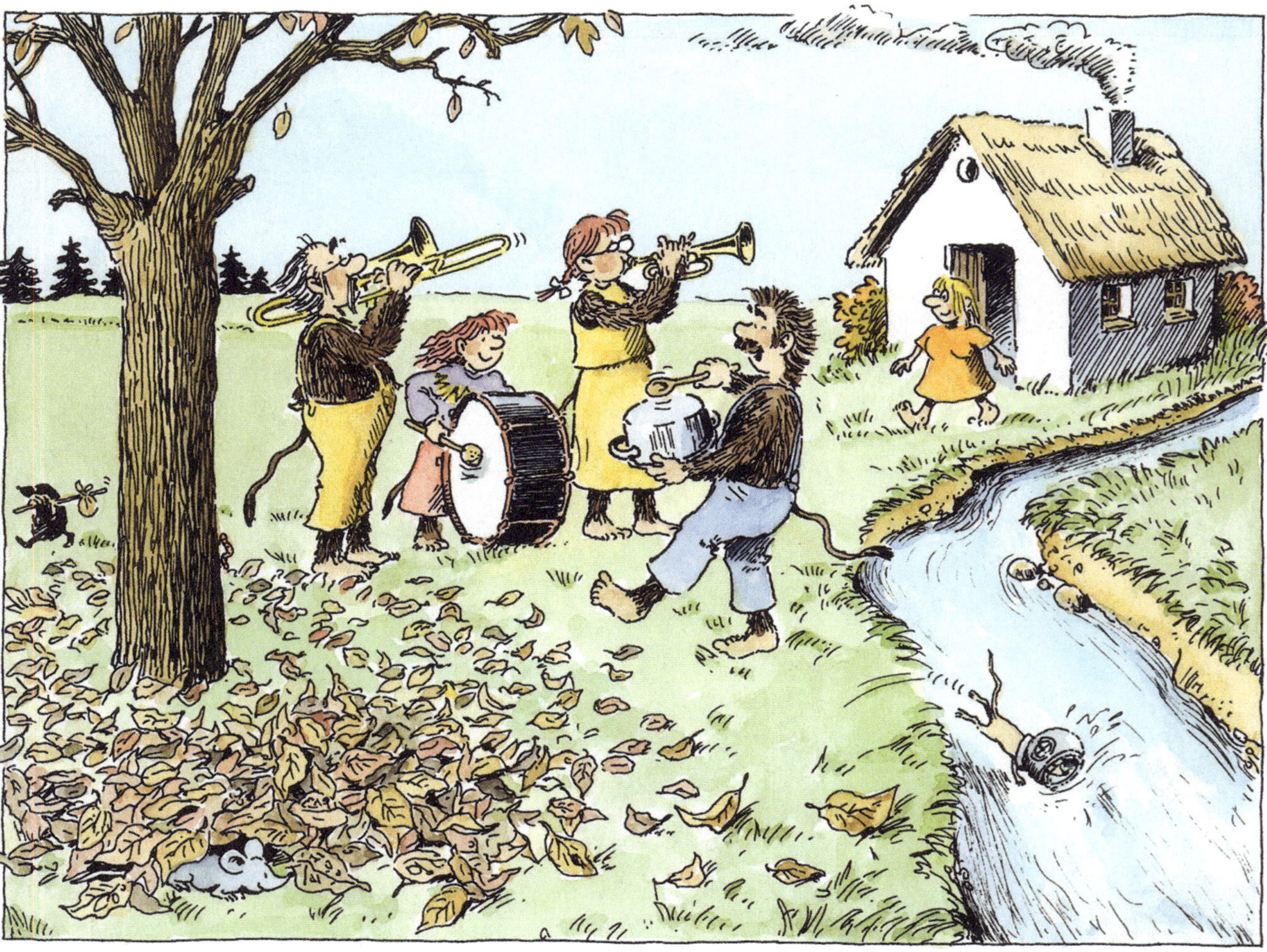

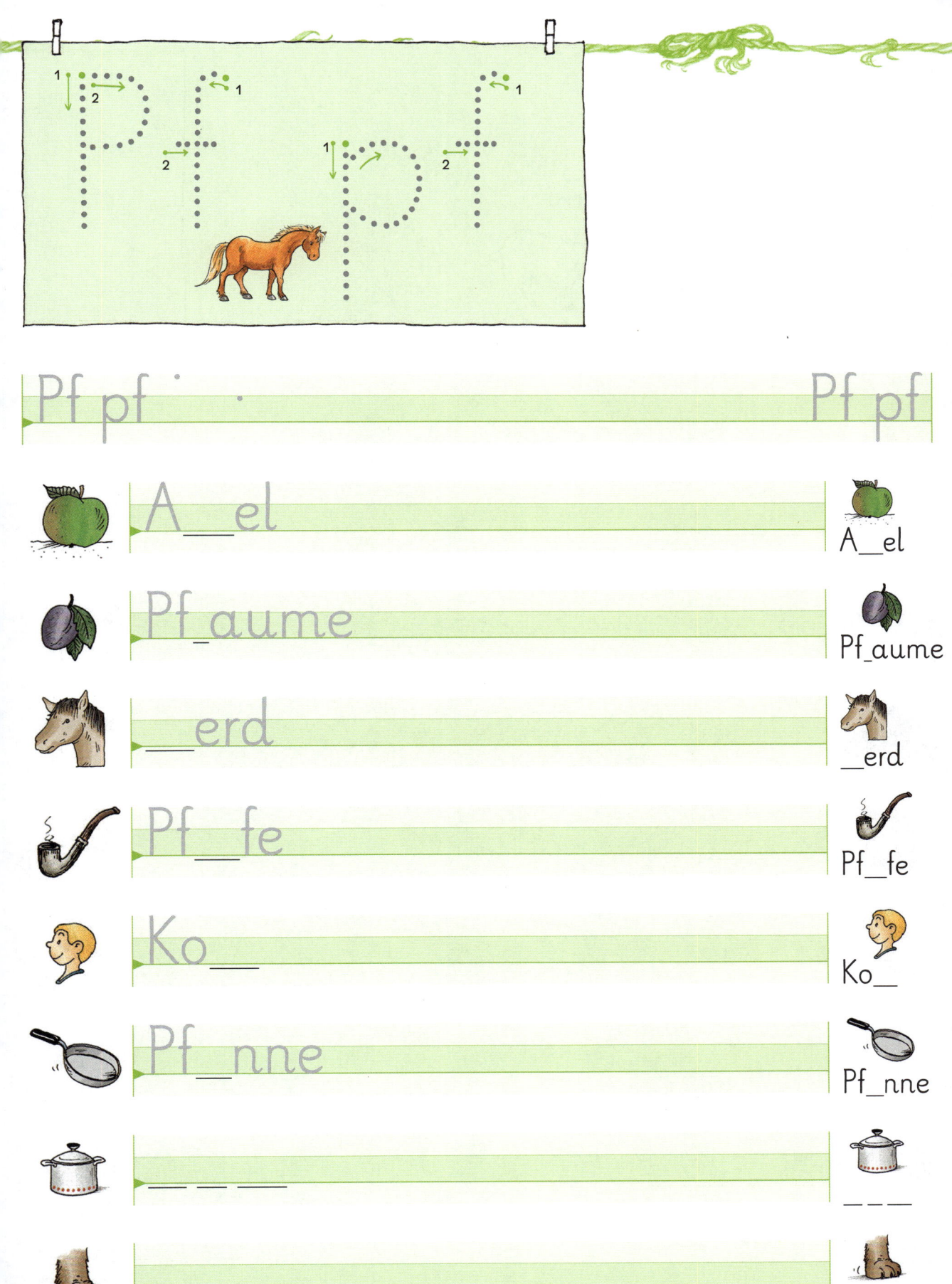

Pf pf

Pf pf   Pf pf

A__el

Pf_aume

__erd

Pf__fe

Ko__

Pf__nne

39

Sch sch   Sch sch

___ere   ___ere

Sch_ff   Sch_ff

B_sch   B_sch

___rank   ___rank

T_sche   T_sche

Sch___kel   Sch___kel

_ _ _   _ _ _

Kannst du schon ___reiben ___

1 Schild	**2** Schilf	**3** Flasche	**4** Schiff
5 Frosch	**6** Schuh	**7** Schirm	**8** Schachtel
9 Dusche	**10** Fisch	**11** schwimmen	**12** schaukeln

1 Seite 41: Sinn oder Unsinn.

Ein Frosch	schaukelt	am Ufer.
Alo	kauert	im Wasser.
Ein Brief	landet	an einem Ast.
Ela	treibt	in einer Flasche.
Opa	reist	auf Opas Bauch.

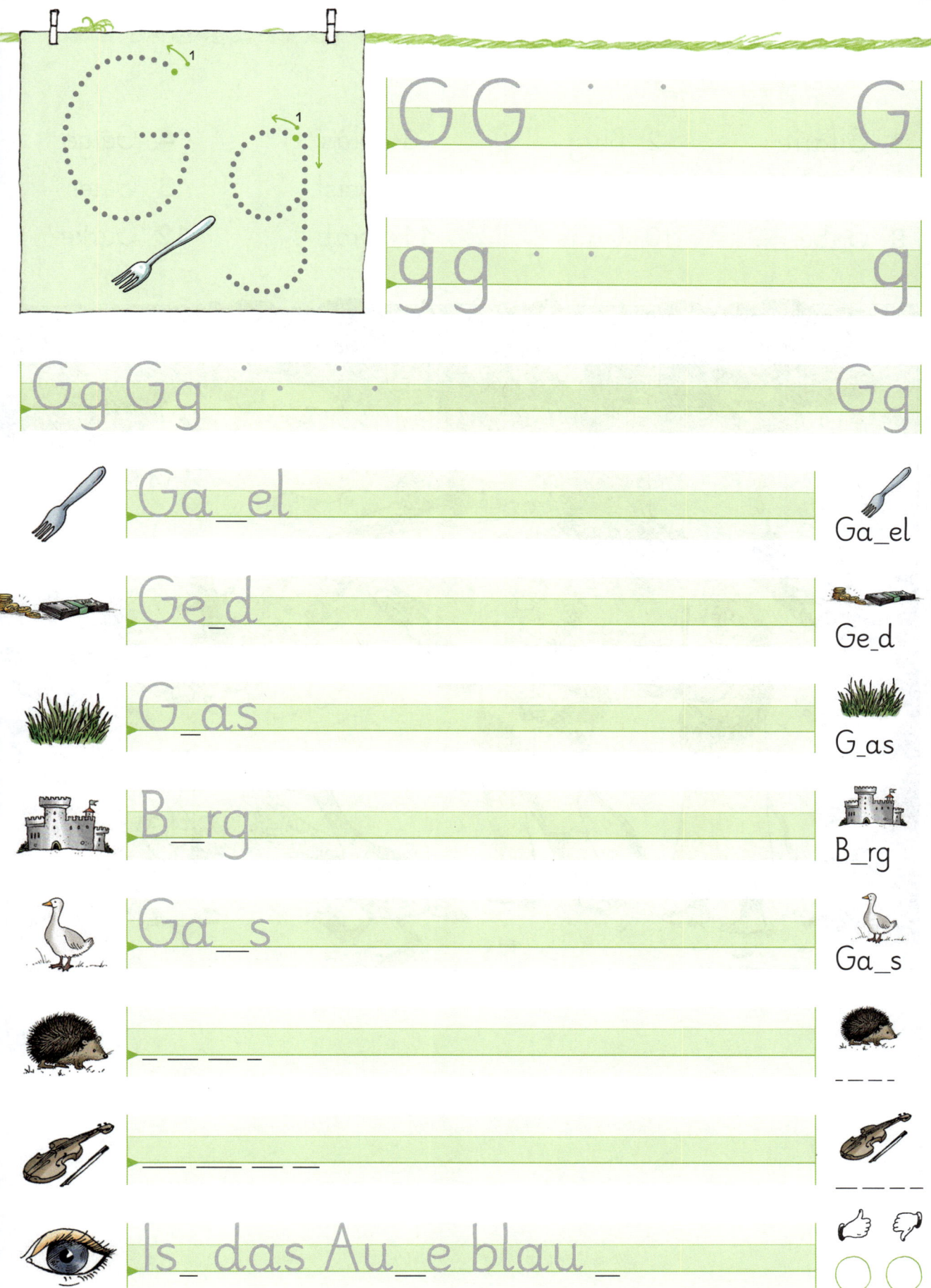

G G · · G

g g · · g

Gg Gg · · Gg

Ga_el   Ga_el

Ge_d   Ge_d

G_as   G_as

B_rg   B_rg

Ga_s   Ga_s

Is_ das Au_e blau _

1 Gitarre 2 Burg 3 Glas 4 Geige
5 Berg 6 Tiger 7 Geist 8 Geier
9 Gabel 10 Gans 11 Grab 12 Gurke

 1 Seite 44: Kannst du es besser?

> Das Fest an der Geister-Burg
>
> Aus der Burg kommt eine Gurke geflogen.
>
> Opa und Mama machen Gewitter.
>
> Die Burg liegt auf einem Geist.
>
> Papa schleppt einen Berg heran.
>
> Donner grollt bei der Musik.

Z Z   · · · ·   Z

Z Z   · · ·   z

Zz Zz · · · · ·   Zz

Zwieb_l   Zwieb_l

Ker_e   Ker_e

_iege   _iege

_izza   _izza

z_ei   z_ei

Zi_kus   Zi_kus

Z_b_a   Z_b_a

_ _ _ _   _ _ _

1 Pilz	2 Pizza	3 Zelt	4 Arzt
5 Zauberer	6 Zaun	7 Ziege	8 Schwanz
9 Plakat	10 Zwiebel	11 Farbe	12 Kerze

ck

ck ck · · ck

ck · ck

Sack

_ucker

_ucker

Bl_ck

Bl_ck

_locke

_locke

Heck_

Heck_

Sch_ecke

Sch_ecke

S_cken

S_cken

Nicki ho__t.

Nicki ho__t.

___ ___ ___

___ ___ ___

48

1 Hecke	2 Deckel	3 Dackel	4 Socken
5 Fackel	6 Decke	7 Block	8 Schnecke
9 Acker	10 Hacke	11 Sack	12 Kartoffeln

Ring

ng ng   ·   ng

ng ·   ng

Eng_l   Eng_l

___lange   ___lange

F_nger   F_nger

Z_nge   Z_nge

Ang_l   Ang_l

Hei_ung   Hei_ung

R_ng   R_ng

Kannst du _ut si___en _

Ist diese Zu___e rot_

50

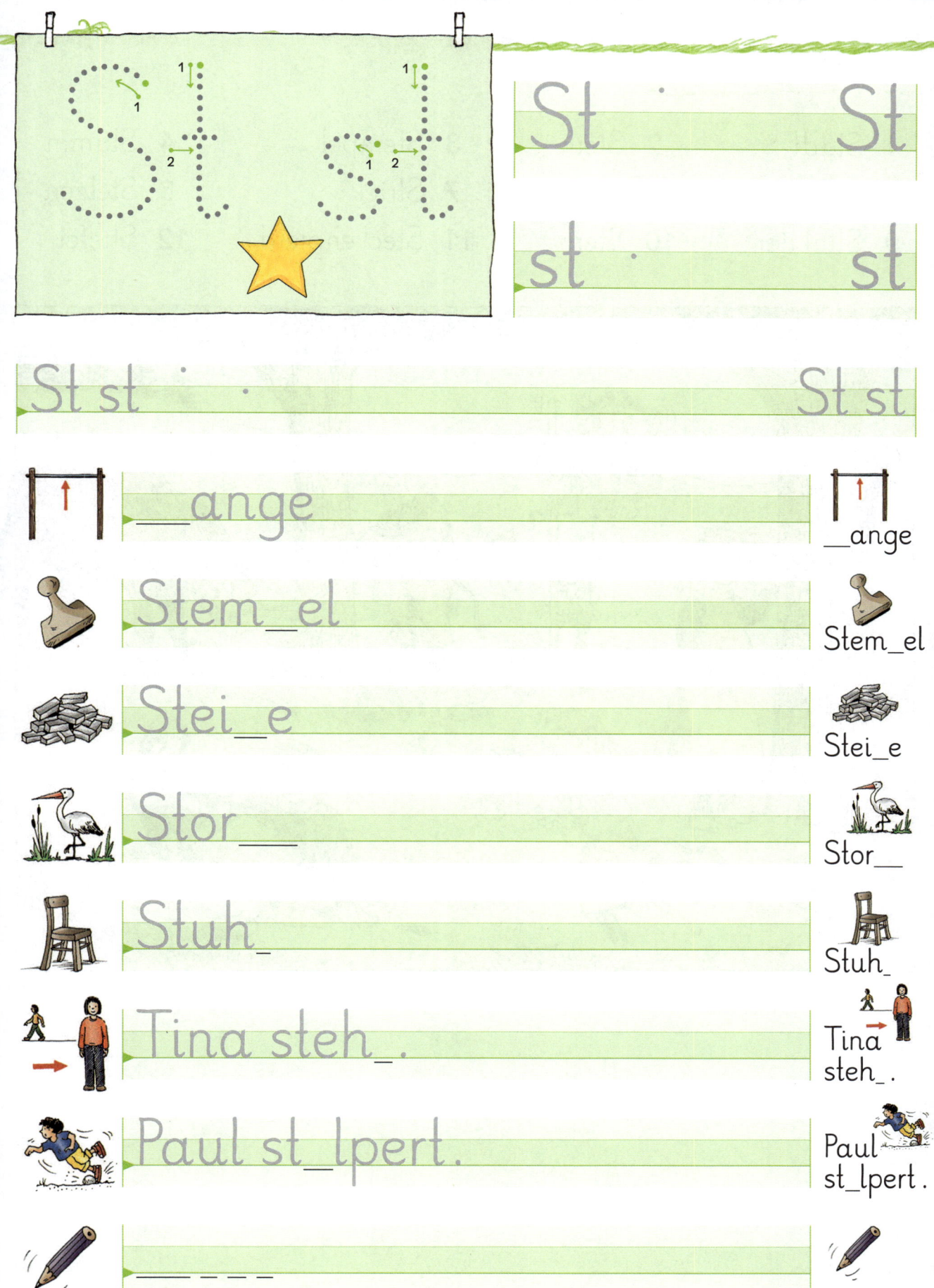

St   St

st   st

St st   St st

__ange   __ange

Stem_el   Stem_el

Stei_e   Stei_e

Stor__   Stor__

Stuh_   Stuh_

Tina steh_.   Tina steh_.

Paul st_lpert.   Paul st_lpert.

___ __ _ __   __ _ __

51

1 Stadt	2 Stein	3 Stempel	4 Stamm
5 Strauch	6 Stier	7 Strick	8 Stelzen
9 Stinktier	10 Stern	11 Steckenpferd	12 Stiefel

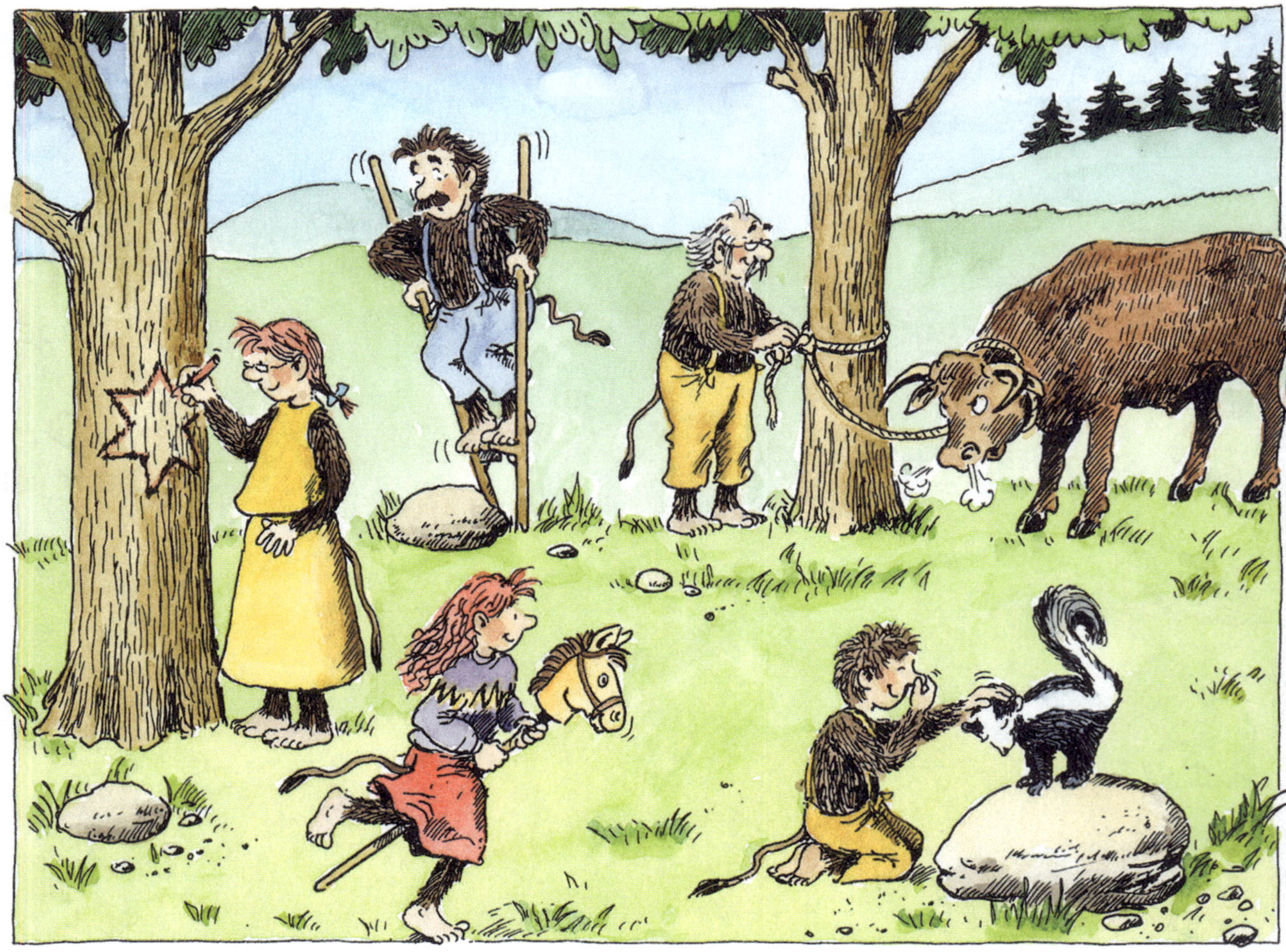

1 **Seite 52: Was passiert wirklich?**

Alo ... ein Stinkpferd.

| strei |
| chelt |

Mama ... einen Zackenbrocken.

| net |
| zeich |

Ela ... auf einem Steckenstern.

| tet |
| rei |

Papa ... bei einem Felstier.

| pert |
| stol |

chs chs · chs

chs · chs

__achs

_achs

Ochs_

F_chs

Da____

Ei_echse

Achs_l

6 _ _ ___

Wa____en auch Felsen_

54

Eu eu   Eu eu

_euer

_euer

Freu_de

Freu_de

Teuf_l

Teuf_l

__ro

__ro

Beu_el

Beu_el

Kr__z

Kr__z

_ _ _ _

_ _ _

_ _ _ _

_ _ _

tz tz   tz

tz   tz

____atz   ___atz

Ka__e   Ka_e

N_tz   N_tz

G_atze   G_atze

Ta__e   Ta__e

Maria _itzt.   Maria _itzt.

Bl_tzt es ___   ○ ○

Kennst du __nen Witz _   ○ ○

Haben Ka__en T_tzen _   ○ ○

56

Sp sp   Sp sp

Spie_el   Spie_el

Sp_cht   Sp_cht

__agetti   __agetti

Sp_nne   Sp_nne

Ina sp_ingt.   Ina sp_ingt.

Ich spa_e.   Ich spa_e.

__ __ __ __ __   __ __ __ __ __

Spie_st du gern _

Ö Ö · · Ö

Ö Ö · · Ö

K_nig

K_öte

__fen

_löte

zwö_f

__öwe

H_rst du gern Musik__

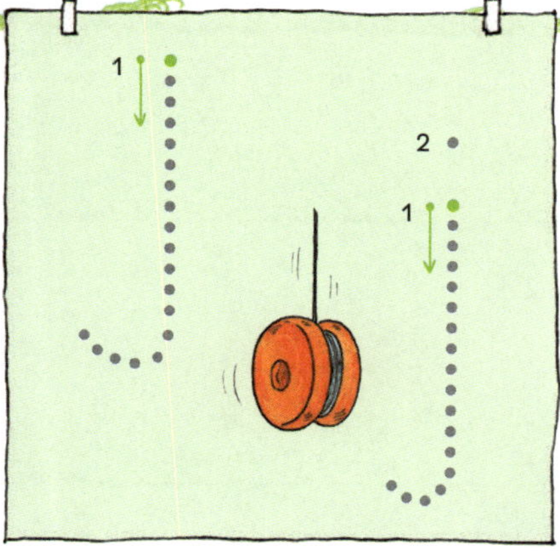

J J J

j j j

Jj Jj Jj

J_ng_

__cke

_agu_r

J_gur_

Jan  ju_e_t.

_ _ _ _

Ist Alo j_ng_

Bist du 9_ahre a_t_

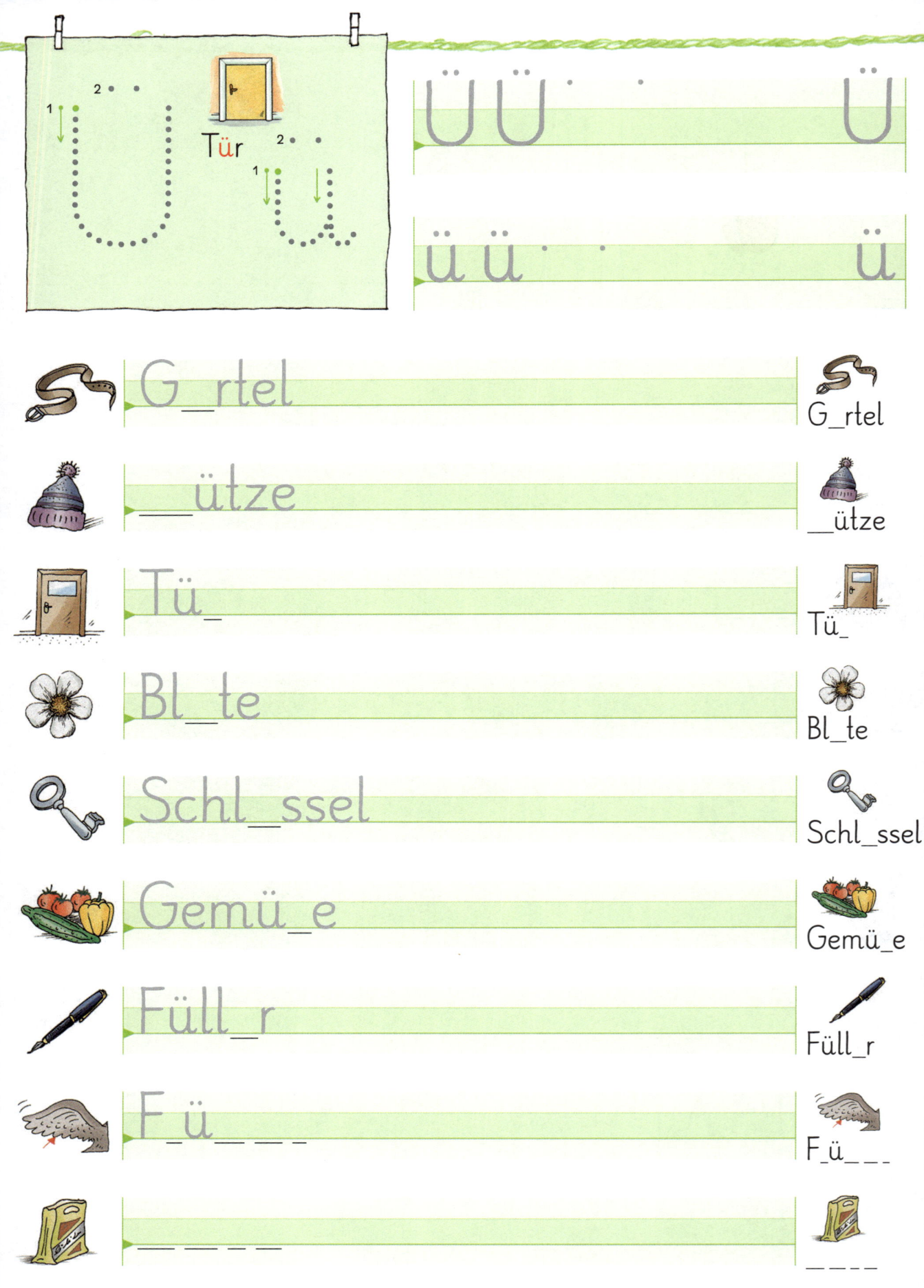

Ü Ü · · Ü

ü ü · · ü

G_rtel

__ütze

Tü_

Bl_te

Schl_ssel

Gemü_e

Füll_r

F_ü___

___ ___ ___

G_rtel

__ütze

Tü_

Bl_te

Schl_ssel

Gemü_e

Füll_r

F_ü___

____

Tür

1 Mühle	2 Hügel	3 Mücke	4 Mütze
5 Schlüssel	6 Spiegel	7 Flöte	8 Schüssel
9 Gemüse	10 Schürze	11 Specht	12 Tür

K_fer

_pfel

_ähne

Sä_e

_äfig

M_dchen

Bä_

_ _ _ _

_ _ _ _

62

1 Käfer	**2** Bäcker	**3** Wäsche	**4** Käse
5 Krähen	**6** Säge	**7** Bank	**8** wäscht
9 hängt	**10** Kapitän	**11** Käfig	**12** schält

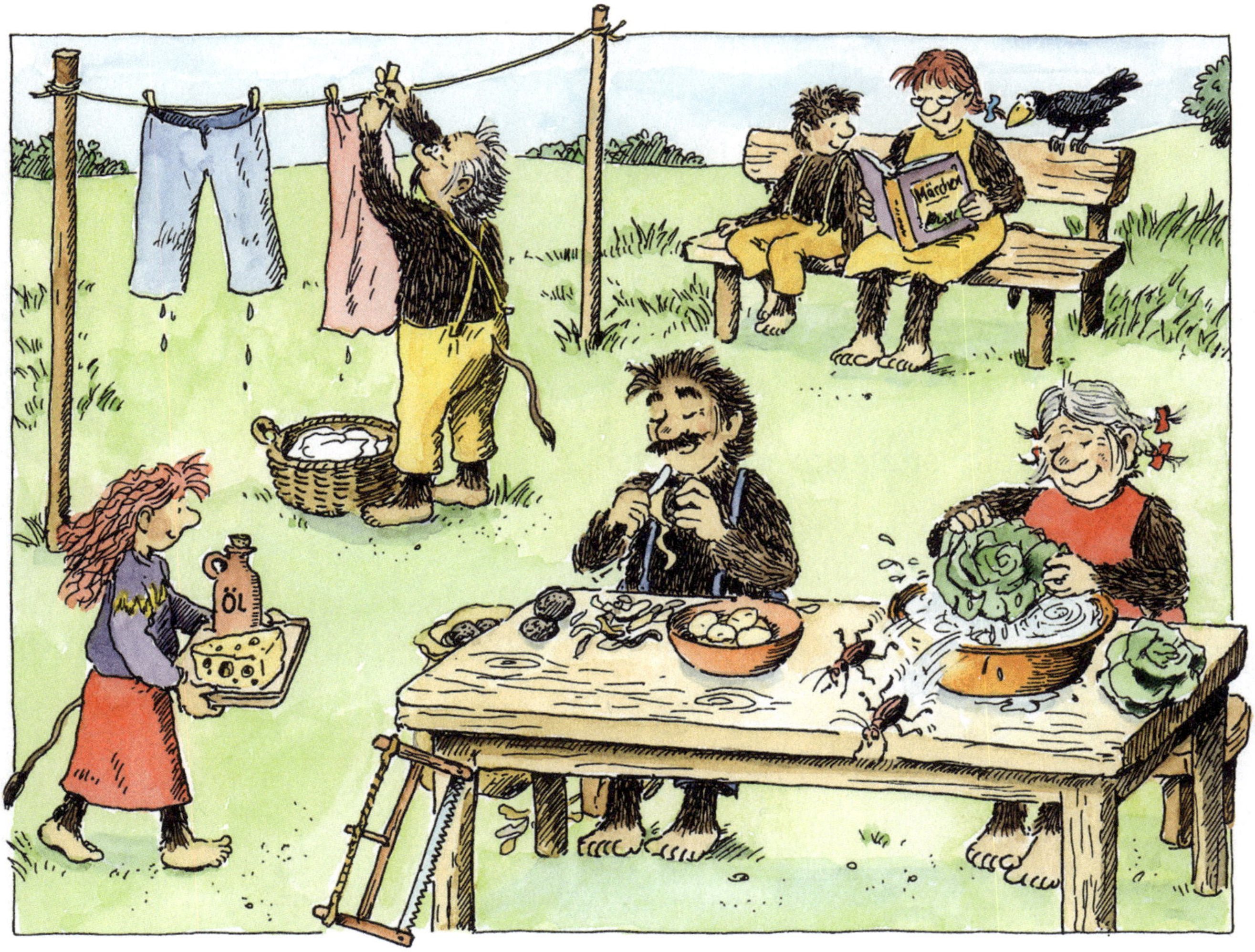

1 Seite 61: Was ist wo?

Auf dem Hügel steht eine Spinnenmühle.

Am Ast hängt ein Kleidernetz.

Im Schloss steckt ein Holzschlüssel.

Am Boden liegt eine Eisenbürste.

Ein Kobold sitzt am Windtisch.

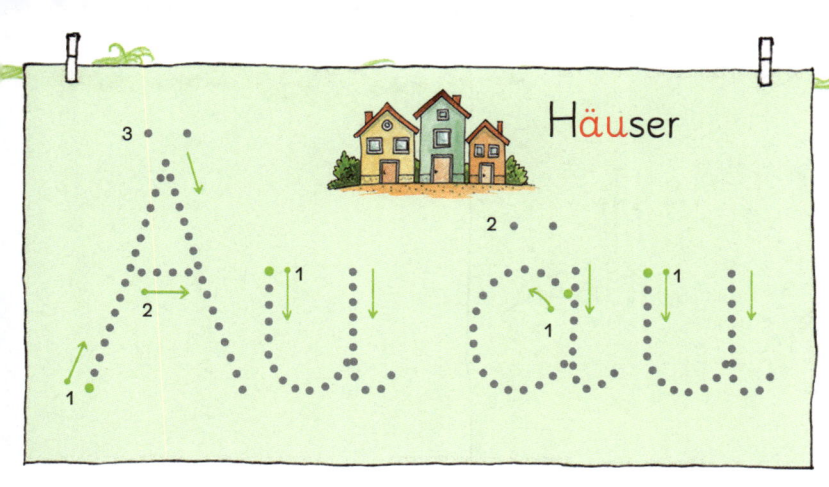

Häuser

Äu äu

Äu äu . Äu äu

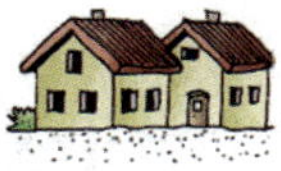
H___ser
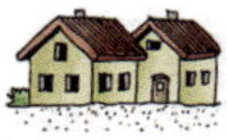
H__ser

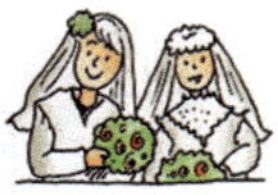
B_äute
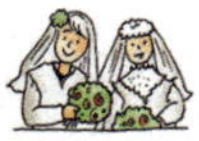
B_äute

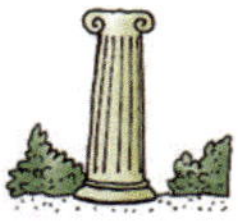
Säu_e
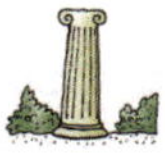
Säu_e

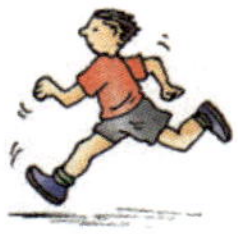
Läuf_r
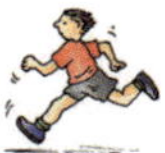
Läuf_r

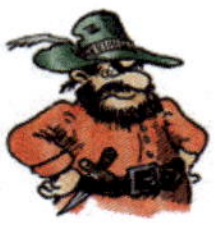
_äuber
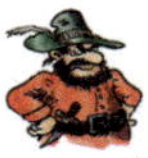
_äuber

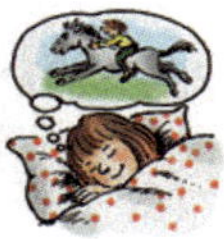
Lea tr___mt.
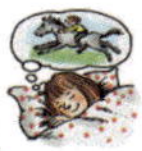
Lea tr__mt.

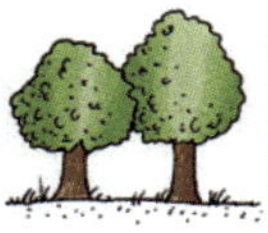
__ ___ ___ __
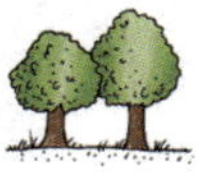
__ __ __ _

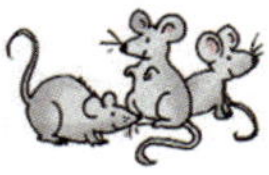
___ ___ __ __
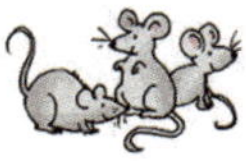
__ __ _ _

Qu qu   Qu qu

_ _adrat   __adrat

Qua_tett   Qua_tett

Qu_rk   Qu_rk

_ _alle   ___alle

Es qual_ _t.   Es qual_t.

Quak!
Quak!

V V V V

V v V v Vv

4   vie_   4 vie_

Va_er   Va_er

Ku_ve   Ku_ve

Pul_er   Pul_er

V_lkan   V_lkan

Va__pir   Va__pir

_ _ _ _

_ _ _ _ _

ß ß . . ß

ß

ß .
ß

Strau_
Strau_

St_aße
St_aße

__ieß
__ieß

hei_
hei_

Ela gie__t Blumen .
Ela gie__t Blumen .

Ole _eißt zu .
Ole _eißt zu .

_ _ _ _
_ _ _ _

_ _ _ _
_ _ _ _

Spie_st du gern Fu_ball_

1 Straße	**2** Schweiß	**3** Hitze	**4** Floß
5 Strauß	**6** Kloß	**7** Mäuse	**8** Vulkan
9 Gießkanne	**10** Quelle	**11** Krebs	**12** gießen

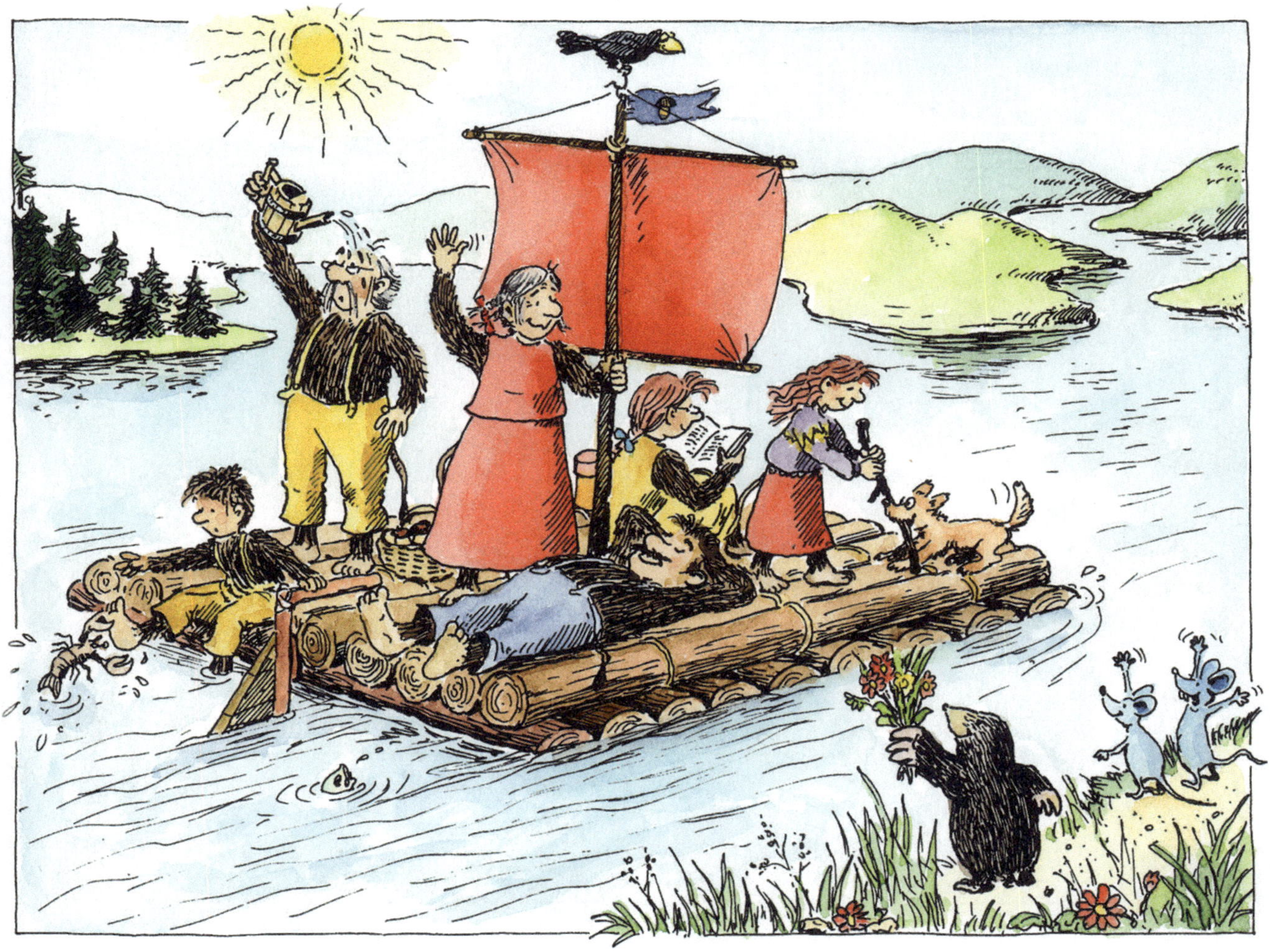

X X . . . X
X X . X

X x X x . . X x

Mi_er

T_xi

_xt

Lexi_on

_ _ _ _

Hexe

70

C C · · C

c c · ·c

__lown

__lown

Com_c

Com_c

C_mputer

C_mputer

Ce_t

Ce_t

Co_a

Co_a

Cr_me

Cr_me

Baby

Pyramide

Y Y · · · Y

y y · · y

Yy Yy · · · Yy

_acht

H_äne

Pyra_ide

_ylinder

Xy_ofon

T_ddy

_aby

_ _ _ _ _